Angelo Rizzi

محيط الكلمات

Oceano di parole

لوحة الغلاف الرسام Covalko

Dipinto di copertina di: Covalko

إلى اللغة العربية
التي أعطتني كثيرا
من الرضاء والسرور

Alla lingua araba
che tanto mi ha dato
in piacere e soddisfazione

تأخذني ذكرياتي إلى سنوات بعيدة، أتذكر صديقي أنجلو جالسا منتبها، سعيدا شغوفا بين أوراقه بتعلم هذه اللغة في معهد الدراسات الشرقية في ميلانو، تحوز اهتمامه قصة ألف ليلة وليلة فتدفعه إلى أحلام بعيدة، هكذا ولد هذا الشاعر يتشوق إلى أحاسيس وألوان ومعاني صادقة يتلمسها بأصابعه بسهولة غير معتادة... صدق التجربة، روعة اختيار الكلمات، نبض مملوء بالحياة فبكل فخر أهديه كلماتي وإعجابي.

أستاذ اللغة العربية
محمد عفيفي

I miei ricordi mi portano ad anni remoti. Rammento del mio amico Angelo, seduto, attento, contento e concentrato tra i suoi fogli, per apprendere questa lingua araba all'Istituto di Studi Orientali di Milano, interessato dalla storia delle *Mille e una notte* che lo spingono verso sogni lontani. Così è nato questo poeta, appassionato dai sentimenti, dai colori e sopratutto dal senso della verità, che ha toccato con le sue dita con una semplicità inabituale... l'autenticità dell'esperienza, l'eccellenza nella scelta dei vocaboli, un cuore colmo di vita. É con grande piacere che gli dedico le mie parole e la mia ammirazione.

Mohamed AFIFI
Professore di lingua araba

أنجلو ريتزي هو مؤلف متعدد اللغات. حصل أنجلو على شهادة الدبلوم بمعهد الشرق الأوسط والأقصى في اللغة العربية في ميلانو. ثم نال لشهادة الدراسية العلوية في جامعة بوردو في فرنسا. على الرغم أنه إيطالي فأنه ينظم أشعاره باللغة العربية والاسبانية والإيطالية.

أحرز أنجلو ريتزي جوائز أدبية دولية مختلفة والأهم منها أنه حصل الفائز التام في جائزة نوسيدي الدولية في 2004 في إيطاليا ولثلاث مرات نال الجائزة الثانية في جائزة "ترا لي بارولي ي لينفينيتو" في 2005 و2006 و2007 في إيطاليا وكان الفائز في المسابقة الأدبية نفسها في 2008. ذكر المؤلف بذكر أدبي دولي في جائزة ألباس XXI الدولية في 2009 في برازيل. وكان شاعرا مشتركا في مباراة نهائية في جوائز دولية مختلفة في إيطاليا واسبانيا وسويسرا وأرجنتين وفينيزويلا. وأحرز جائزة مدينة ساساري الدولية في 2010 في إيطاليا. وأحرز جائزة مدينة فوغيرا الدولية في 2014 في إيطاليا.
بعض أشعاره، نُشرت في مجموعات شعرية ومجلات مختلفة في إيطاليا والولايات المتحدة الأمريكية وكوبا وسويسرا والكويت وأرجنتين وبرازيل.
تُرجمت أعماله إلى اللغة الإيطالية والاسبانية والفرنسية.
وقد نشر مجموعتين شعريتين في عامي 2003 و2005 : أسفار وسراب وإني قررتُ أخيرا... أن أرحل بعيدًا مع اللقالق...

8

Angelo Rizzi è un autore poliglotta. Dopo aver ottenuto un diploma in Lingua Araba all'Is.M.E.O. (ora Is.I.A.O.) di Milano, si è laureato in Lingua, Cultura e Letteratura Araba all'Università Michel de Montaigne di Bordeaux in Francia. Italiano madrelingua, scrive i suoi poemi in arabo, spagnolo e italiano.

Angelo Rizzi ha ottenuto diversi riconoscimenti letterari. Tra i più importanti: Vincitore assoluto del XX Premio Internazionale Nosside Italia-2004; 2° Classificato al Premio Internazionale Tra le parole e l'Infinito, Italia 2005, 2006, 2007; poi Vincitore dello stesso premio nel 2008. Ha ottenuto una Menzione Internazionale al Premio Alpas XXI, Brasile-2009; ha vinto il Premio Internazionale Città di Sassari, Italia 2010 ed ha vinto il Premio Internazionale Città di Voghera, Italia 2014. E' stato inoltre Finalista in vari premi internazionali in Italia, Spagna, Svizzera, Argentina, Venezuela.

Alcune sue poesie sono apparse su antologie e riviste in Italia, U.S.A. Cuba, Svizzera, Kuwait, Argentina e Brasile.

Le sue opere sono state tradotte in italiano, spagnolo e francese.

Ha pubblicato due raccolte di poesie bilingue arabo-italiano: *'Asfàr wa siràb-Viaggi e miraggi* 2003, ed. I fiori di campo e *Ho deciso finalmente... andrò via con le cicogne...* 2005, Collana Maestrale.

مشاركات شعرية دولية

2004 : شارك المؤلف في قراءة الشعر في المعهد الإيطالي-الأمريكي الجنوبي في روما، إيطاليا.

2005 : وشارك في معرض الكتاب الدولي في هابانا، كوبا.

2005 : وشارك في مهرجان الشعر في هابانا، كوبا.

2006 : وشارك في قراءة الشعر خلال معرض الكتاب الدولي في هابانا، كوبا.

2006: كما شارك في قراءة الشعر في معهد العالم العربي خلال الدورة العاشرة من مؤسسة جائزة عبد العزيز سعود البابطين للإبداع الشعري في اليونسكو، باريس، فرنسا.

2014 : معرض الكتاب في مونتيكارلو، موناكو.

2014 : معرض الكتاب في بريل سور رويا.

2014 : مهرجان الكتاب في موانس سارتوس.

2015 : معرض الكتاب في مونتيكارلو، موناكو.

Partecipazioni Poetiche Internazionali
2004- Recital di poesia, Istituto Italo Latino-Americano, Roma - Italia
2005- Fiera Internazionale del Libro, la Havana – Cuba
2005- Festival della Poesia, La Havana – Cuba
2006- Recital di poesia nell'ambito della Fiera Internazionale del Libro, La Havana – Cuba
2006- Recital di poesia all'Istituto del Mondo Arabo nell'ambito della 10° sessione della Fondazione Abdulazìz Saud al-Babtain per la creatività poetica, UNESCO, Parigi – Francia.
2014 - Salone del Libro di Montecarlo, Monaco.
2014 - Salone del Libro di Breil sur Roya, Francia.
2014 - Festival del Libro di Mouans-Sartoux, Francia.
2015 - Salone del Libro di Montecarlo, Monaco.

محيط الكلمات

Oceano di parole

قصص أقمار

كل شيء هادئ في أسوان
وفوق المدينة، شيء غريب...
القمر بلون ورق الزيتون.

كل شيء هادئ في الوادي
وفوق الكثبان، شيء عجيب...
القمر كانت تَمْلِئُه الرمال.

مَنْ ذا الذي يَدُقُّ الدربكة ؟
لا أرى أحدًا هناك،
لعلّه تَتَهُّد الصحراء.

الليل الأخير في مراكش
وناظرًا إلى أجمل مئذنة سألتها:
- هل رأيتِ في عُمْركِ القمر وهو أزرق؟
كنتُ أتوقَّع أن تَسْخَرَ مني،
و لكنها أجابتني:
- الحق معكَ. القمر أزرقُ فعلاً!

أول ليلة بِبَنْدَر عَبّاس
و فوق المحيط الهندي،
شيء سِحْري... في إران
القمر له لَون الشرق.

Storie di lune

Ogni cosa è calma ad Assuan
sopra la città, cosa strana…
la luna
è color foglia d'olivo.

Ogni cosa è calma a El Oued
sopra le dune, che meraviglia…
la luna è colma di sabbie
ma chi suona la *derbuka*?
làggiù non vedo nessuno
sarà forse l'alito del deserto.

L'ultima notte a Marrakesh
guardo verso il minareto più bello
le chiedo: hai mai visto... la luna blu?
aspetto che si burli di me
ma lei dice : hai ragione
la luna, è proprio blu!

La prima notte a Bandar Abbas
sopra l'Oceano Indiano
magia… in Iran
la luna
ha il color dell'Oriente…

منزل شاعر

اِعذرُوني !
تُمْطِرُ...
لا أَتَكَلَّمُ...
أسمعُ... فقط
سقوط المطر،
رغم أنَّه قليلٌ،
دون إزعاج و لا ضوضاء،
خرير لطيف و خفيف فقط
على أوراق الأشجار
هنا،
حول الشرفة الزجاجية.
هل أنا أَسْمَعُ...
أم أَتَذَكَّرُ...
أتذكرُ بيتًا كنتُ أسكنُ فيه
و حديقتَه،
فيها داليا و نَرْجِس،
و أُرْطَنْسِيَة
طماطم و يَعْسوب أَزْرَق الأَجْنِحة،
بعض الفراشات،
خَسّ و ورد أبيض...

Una casa da poeta

Scusate!
Piove...
Non parlo...
Posso solo ascoltare...
la pioggia che cade
anche se è poca
senza disturbo né rumore
solo un leggero dolce brusio
sulle foglie degli alberi
qui
attorno ai vetri della veranda.

Sto ascoltando...
o ricordando?...
Ricordo una casa dove abitavo
il suo giardino
dalie e narcisi
ortensie
pomodori e libellule dalle ali blu
qualche farfalla
lattuga e rose bianche…

و الآن،
هنا في بيتٍ آخر
هنا في حديقة أُخْرَى
يُبَلِّلُ المطر شجر الكَرَز و البرقوق،
يَلْمَعُ سَعَفُ النخل،
و سَقْفُ الشرفة
تتلألأ نَوْرِيَّات الزهور الصفراء
و الحمراء و الزرقاء.

و بعد المطر،
سأقرأ أشعار أُونغاريتي
في ظلِّ الزَّيْزَفُونَيْن
قبل أن يَهْطُلَ المطر من جديد.

Ora
qui in un'altra casa
un altro giardino
la pioggia bagna i ciliegi
gli alberi di prugno
brillano le foglie delle palme
il tetto della veranda
s'imperlano i petali dei fiori
rossi, azzurri, gialli.

Dopo la pioggia
leggerò poesie di Ungaretti
all'ombra dei due tigli
prima che le gocce
scendano di nuovo.

عيد النساء

ميموزا
نقاط صفراء في الحقول،
كل زَهْرَة
امرأة.

La festa delle donne

   Mimose
punti gialli nei campi
ogni fiore
    una donna.

أفكار فيما بين الليل و النهار

أُحِبُّ التُفَّاحة
عندما تَمِيلُ إلى الإخْضِرار

تُعْجِبُني النساء
طويلاتِ القامة
و قصيراتِ القامة

أَعْشَقُ السماء
يَخُطُّها الإحْمِرار في وَقْتِ الغُرُوب

أُحِبُّ حزيران وتَمُّوز،
و أَهْلَ بوغوطا،
و مَطَرَ آذار تَصُدُّهُ المظلّة

تُعْجِبُني صورةُ تاج مَحَلّ
التي رأيتُها على مجلّةٍ أوّل أمس

أَعْشَقُ الشمس
صباحاً
حين تُلَوِّنُ البحرَ بألوانِ الشُّرُوق

Pensieri tra la notte e il giorno

    Amo la mela
quando tende al verde

mi piacciono le donne alte
le donne basse

mi appassiona il cielo
striato di rosso al tramonto

amo giugno e luglio
la gente di Bogotà
e l'acqua di marzo
contro l'ombrello

mi diletta l'immagine
del Taj Mahall
che ho visto su una rivista
l'altro ieri

mi appassiona il sole
al mattino
quando colora il mare
con le tinte dell'aurora

وَكَمْ أُحِبُّ الفجر
يُنَقِّطُه ألفُ نَوْرَسٍ و نَوْرَس

تُعْجِبُني
الموسيقى النُوبيَّة في مطعمٍ
يُطِلُّ على النِّيل

و أُحِبُّ...
رُؤيَةَ حِبْر الكلمات
وهي تنامُ على هذه الأوراق.

e quanto amo l'albeggiare
punteggiato
da mille e un gabbiano

mi piace la musica nubiana
in un ristorante che si sporge
sul Nilo

        e amo…
vedere l'inchiostro
delle parole
che dormono in queste pagine.

تيميمون

تَغْرُبُ الشمس
وراء كُثْبان تيميمون...
كثبان طِينِيَّة اللون...
ثم وَرْدِيَّة...
فرِمَادِيَّة...
وَ أَخِيراً... سَوْداء.
لحظة انتظار
في الواحة الصَّامِتَة..
و يَظْهَرُ الهلال
داخل الليل العاري...

Timimoun

Tramonta il sole
dietro le dune di Timimoun
dune color d'argilla...
poi rosa...
dunque cenere...
    infine... nere
un istante d'attesa
nell'oasi silenziosa
e appare la mezzaluna...
dentro la notte nuda...

محيط الكلمات

تهمس الصرارير
تحت القمر والصيف في أوائله
ترى ماذا تقول فيما بينها
هذا السحر؟
تسهر
تتبادل أخبارا
عن دنيا تدور حول الشمس
وحول نفسها أيضا.
أبحث في جيبي عن بيت شعر
كتبته على ورقة بدفتري الأخضر
أتصفح قاموسا
وبداخلي يتفجر إيقاع المفردات،
الكلمة بعد الكلمة،
أفعال وأسماء وصفات
ترتد من قلمي إلى قلبي
.. من قلبي إلى عقلي
.. من عقلي إلى السطور!!
كأنها ذَرّات منطلِقة
تعود لتجتمع في مهجتي
وتتحرك كالنحل في خَلِيَّته
أفي وسعي أن أوقف هذه الحركة ؟

Oceano di parole

Bisbigliano i grilli
sotto questa luna di prima estate
Chissà cosa dicono stanotte
tra loro?
Vegliano
scambiano notizie
su di un mondo che gira attorno al sole
attorno a se stesso.
Cerco nella tasca
un verso di poesia
che ho scritto sulla pagina
del mio quaderno verde.
Sfoglio un dizionario e dentro me
esplode il ritmo dei vocaboli
parola dopo parola
verbi, nomi e aggettivi
rimbalzano dal mio quaderno al mio cuore...
dal mio cuore alla mente..
dalla mente alla linea
come fossero atomi in movimento
che poi tornano, si riuniscono nella mia anima
si muovono come api nel loro alveare.
Posso fermare questo movimento?

لقد قررت الخروج
من جَنَباتي.. من مَسامِّي
حتى الآن لم تَنْجَحْ في ذلك
الهواء حارّ جدّ
وأفكاري كأنها زِئْبَق،
يسير عنكبوت على البساط الفارسي
فيما بين تطريز من الصوف والحرير،
تزداد الرطوبة
وقبل أن تهدأ الذرات/الكلمات
اسم وفعل وصفة
ترسم جملة بخِفّة
جملة واحدة

..... كرفرفة أجنحة قنبرة....

فيسكت صوت الصرارير
والصمت يَتَبَلْوَر،
فاتنا،
شفيفا،
صقيلا،
سهل الانكسار جدا.
يكفي صرصور
أو صدى همسه

Hanno deciso di uscire
dal mio interno... dai miei pori
ma questo
non lo possono ancora.
L'aria è molto calda
le mie idee sono mercurio
un ragno si muove sul tappeto persiano
tra ricami di seta e lana.
Scende l'umidità
e prima che si calmino gli atomi, le parole
un nome, un verbo, un aggettivo
disegnano una frase
un'unica frase
con leggerezza

… come frullo d'ali d'allodola…

quindi tace il suono dei grilli
il silenzio si fa cristallo
affascinante
trasparente
liscio
molto fragile.

Basterebbe un grillo
o l'eco del suo bisbiglio

ليسحق هذا السكون
وينتشر شظاياه في ظلام الليل.
هنا في بلاد الجداجد
القمر مشمشي اللون.
وأشعر بأن المفردات لا تستريح
بل تتحرك من جديد...
الكلمات تبحث عن اتجاه ما،
فتختار طريقا يقودها نحو المغرب
يحملها من الماضي
ليأتي بها إلى المستقبل،
أي إلى رحلة طويلة داخل الشعر،
المليء بالعواطف والأحاسيس،
يفيض بالوجوه وبالأنظار.

والدار البيضاء تطل على المحيط
وتبقى هناك قريبا.
قريبا ممن ؟ قريبا من ماذا ؟
إنها قريبة من الأصل،
أصل عالمي العربي،
وقريبا من ينبوع الكلمات،
كلمات تنكسر وتتشكل
وتتجدد وتقف فجأة،

perché si infranga questo silenzio
si disperdano i suoi frammenti
nell'oscurità della notte.
Qui, nel paese dei grilli
la luna è color albicocca.
Sento che i vocaboli non riposano
anzi, si muovono di nuovo...
le parole cercano una direzione
quindi scelgono un cammino
che le condurrà verso il Marocco
le porterà dal passato verso il futuro
verso un lungo periplo dentro la poesia
questa poesia ricca di emozioni, senzazioni
colma di visi, di sguardi.

Casablanca si sporge sull'oceano
e resta li vicino.
Vicino a chi? Vicino a cosa?
Vicino all'origine
l'origine del mio mondo arabo
vicino alla sorgente delle parole
parole che si rompono, si riformano
si rinnovano, si fermano improvvisamente

لترحل مرة أخرى
كأنها كلمات ولدت لأول مرة.
محيط الكلمات، أصل شعري.
يخط قلمي خطوطا سوداء
على ورقة بيضاء،
خطوطا نافدة الصبر،
خطوطا تلقائية،
خطوطا تشكل حروفا،
حروفا خيالية سحرية، حروفا عربية،
كلها تتنافس الواحدة مع الأخرى
رغبة في كلمة جديدة،
وكل حرف فردوس فريد،
كل حرف إحدى جزر بحر أنتيل،
كل حرف كوكب يتألق،
حروف شمسية وحروف قمرية
وكل حرف لؤلؤة عقد
وكل عقد يصيغ كلمة
وكل كلمة سرج أسود على حصان أبيض
يجري في السهول بلا نهاية،
وكل جملة دنيا صغيرة
تدور حول الدنيا التي تدور حول الشمس
وحول نفسها.

per partire un'altra volta
come parole nate per la prima volta.
Oceano di parole, origine della mia poesia.
La mia penna traccia linee nere
su di un foglio bianco
linee impazienti
spontanee
linee che formano lettere
lettere irreali, magiche, lettere arabe
ogn'una invidiosa dell'altra
nel desiderio di una parola nuova.
Ogni lettera è un unico Eden
ogni lettera è un'isola del mar delle Antille
ogni lettera è un astro.. che brilla
lettere solari, lettere lunari
ogni lettera è la perla di una collana
ogni collana scintilla in una parola
ogni parola
è una sella nera sopra un cavallo bianco
che corre in praterie senza fine
ogni frase
... è un piccolo mondo che gira attorno al mondo
che gira attorno al sole
e attorno a se stesso.

عائداً إلى البيت

... أسير بجانب الشجر
وبين الشمس وبيني
ذاك الظل من شجر الدُّلْب...

Tornando a casa

… cammino a fianco degli alberi
tra me e il sole
quest'ombra di platani…

في عقلي غيوم

في صمت الليل،
ذاك الليل خُبّازي اللون،
لم أعد أعرف في أيِّ يوم أنا،
ولا في أي شهر، ولا في أي سنة،
في عقلي غيم...
آخذ قلمي.. وورقة،
ثم أبدأ بالكتابة...
عن ذكرى طفولتي السعيدة...

Nella mia mente c'è una nuvola

Nel silenzio della notte
in questa notte color malva
non so più in che giorno sono
né mese, né anno
nella mia mente c'è una nuvola
così prendo la penna... un foglio
e inizio a scrivere…
ricordi di un'infanzia felice.

إفريقيا

موسيقى تأتي من السنغال،
أنغام أشجار التِبِلْدِيّ،
أمواج البحر المترامى،
زوارق النهر الرشيقة،
ونساء جلدهن كالأبنوس،
الشمس في قلوبهن،
وفي عيونهن تراب القمر،
يجول في تفكيرهن
إيقاع أظباء تجري طليقة،
في حركتهن طبول
طبول تعزف نداء إفريقيا.

Africa

Una musica che viene dal Senegal
melodie degli alberi baobab
onde del mare che si estendono
snelle barche del fiume
donne dalla pelle d'ebano
nei loro cuori il sole
nei loro occhi polvere di luna
nei loro pensieri volteggia il ritmo
delle antilopi che libere corrono
nei loro gesti, tamburi
tamburi che suonano
il richiamo dell'Africa.

الحديقة

تبرِّد قطرات الندى
نوريات سوسن
وتطفو أوراق الزهور
على ماء بحيرة صغيرة
كأنها قِطَعٌ من زجاج،

يحمل النسيم على أجنحته
أصداء بعيدة
وما هي؟
ربما صوت ناي
أو عطر الدنيا،
ربما تقاسيم عود
أو يقظة الطبيعة،
ثم، بصديقتي الشمس
العالية في السماء الصافية

تقترب الأصداء
ورائي،
فألتفتُ..
وأرى برعم وردة
تكاد تتفتح.

Il giardino

Gocce di rugiada
rinfrescano i petali dei gigli
le foglie dei fiori galleggiano
sull'acqua di un piccolo stagno
come fossero pezzi di vetro
la brezza porta sulle sue ali
risonanze lontane.
Cosa mai saranno?
Il suono di un flauto
o il profumo del mondo?
Le note di un liuto
o il risveglio della natura?
Poi, col sole amico, alto
nel cielo terso
sonorità si fanno più vicine
dietro me
cosi mi volto…
ed ecco: gemme di rosa
stanno per sbocciare.

كل شيء يمر بالسماء

تسير سحابة مليئة بالسكون
فأفكر وأنتظر
حتى تتعالى أخرى أكبر وأجمل
مليئة بالحب.

تمر سحابة فيها الحرب
لا أفهمها... وأنفض رأسي.

تأتي أخرى وهي مُتَفَسْفِرة
أتراهن أنها
نووية؟

تمر سحابة حزينة
وفجأةً يجتازها قَوْسُ قُزَحٍ
والسماء تملؤها بالسلام.

تصل سحابة ساخرة
تغمرني بهجة كلية

وبسرعة بعدها
تَجِيءُ أخرى مترددة
إني أعرفها جيداً !!!

Tutto passa per il cielo

Cammina una nube colma di nulla
penso, aspetto
finché ne passa un'altra più grande
più bella, piena d'amore.

Passa una nuvola di guerra
non la capisco.. scuoto la testa.

Giunge una nube fosforescente
vuoi vedere che è
nucleare?

Passa una nuvola triste, però
all'improvviso
la traversa un arcobaleno
e il cielo si riempie di pace.

Giunge una nuvola ironica
mi immerge nella completa gioia.

Subito dopo
una esitante.
Come la conosco bene!!!

ها هي
سحابة هندية
تأتي من بومباي
فَنَشُمُّ
نَشُمُّ رائحة القرفة.

تصل أخرى
يملؤها الجاز والبوسا نوفا
فأسمعهما بتشوُّق.

وفي النهاية
يمر سحاب أكتوبر
إنه متأخر لأن اليوم
هو الثالث من نوفمبر.

Ecco una nuvola dall'India
viene da Bombay
profuma
profuma di cannella.

Ne arriva un'altra, musicale
colma di jazz e bossanova
l'ascolto
con vera passione

Giunge infine
una nuvola di ottobre
certamente in ritardo
poiché oggi
è il tre di novembre.

مساء

أنظر إلى
غروبٍ خردليٍّ
موشوم على الأفق...

Sera

Guardo verso
un tramonto di senape
tatuato all'orizzonte…

وردي

في أحلامي الوردية
أختار فكري، كياني، إمرأتي،
أصدقائي، منزلي.

في أحلامي الوردية
في وسعي أن ألامس سمرقند
وأن أنظم حفلة موسيقية
في الغابة
حيث يغني الشجر
وتغني العصافير على أغصانه
وأداعب ريش الطاووس
الباقي في قصور فارس القديمة
لأُقْنِعَه
أن يحدثني عن تاريخه.

في أحلامي الوردية
أشعر بنار بركان
وحُمَمِه البطيئة المهدَّدة.
أطفو على أغسطس قرطاج
وعلى بحرها المغمور في الملح.

Colore rosa

Nei miei sogni in rosa
scelgo la mia essenza
la mia donna, gli amici
la mia casa.

Nei miei sogni in rosa
posso sfiorare Samarcanda
organizzare concerti nel bosco
dove cantino gli alberi
e i passeri sui loro rami
accarezzo le piume del pavone
rimasto nei palazzi dell'antica Persia
per indurlo a raccontare la sua storia.

Nei miei sogni in rosa
sento il fuoco d'un vulcano
la sua lava lenta e minacciosa
galleggio sull'agosto di Cartagine
sul suo mare annegato nel sale.

أسير على حلقات زُحَل
بينما الحروب العديدة
تشرد العالم
وبنت هندية ترقص
رقصة مدراس.

في أحلامي الوردية
مدينة أحلم أن أشتريها
كمراكش.
أبحث عن صداقة النخل
وعن بعض الذكريات
في متاهة يونانية.
أستوعِبُ ذوق الحلو والحامض،
ونظرة كتكوت،
والجَوْهَر لا المَظْهَر.

في أحلامي الوردية
أجمع أصدقائي
وأختار كياني،
إمرأتي، منزلي
وحياتي.

Cammino sugli anelli di Saturno
mentre le guerre
distruggono il mondo
e una giovane indù
esegue la danza di Madras.

Nei miei sogni in rosa
ho una città da comprare: Marrakesh
cerco l'amicizia delle palme
qualche ricordo in un dedalo greco
colgo un gusto agrodolce
lo sguardo d'un pulcino
e l'essere invece del sembrare.

Nei miei sogni in rosa
riunisco gli amici
scelgo la mia essenza
la mia donna, la mia casa
la mia vita.

صحراء

أنا جالسٌ
بين تلال الرمل
والشمس في الأوج
بلا حركة
هنا،
السكون كاملٌ، شاسعٌ،
وما أَعْمَقَهُ...
وأدرك صداه...

Sahara

Siedo
tra le colline di sabbia
il sole immobile
allo zenit
qui
il silenzio è totale, immenso
così profondo…
che ne colgo l'eco…

فهرس

- قصص أقمار
- منزل شاعر
- عيد النساء
- أفكار فيما بين الليل والنهار
- تيميمون
- محيط الكلمات
- عائدا إلى البيت
- في عقلي غيوم
- إفريقيا
- الحديقة
- كل شيء يمر بالسماء
- مساء
- وردي
- صحراء

Indice

- Storie di lune
- Una casa da poeta
- La festa delle donne
- Pensieri tra la notte e il giorno
- Timimoun
- Oceano di parole
- Tornando a casa
- Nella mia mente c'è una nuvola
- Africa
- Il giardino
- Tutto passa per il cielo
- Sera
- Colore rosa
- Sahara